西南学院大学

印刷文化の黎明

The Dawn of Printing Culture: From *Incunabula* to *Kirishitan-ban*

インキュナブラからキリシタン版まで

下園知弥・勝野みずほ＝編

西南学院大学博物館

SEINAN GAKUIN UNIVERSITY MUSEUM

ごあいさつ

　西南学院大学博物館では，2006（平成18）年の開館以来，キリスト教文化・日本キリスト教史・ユダヤ教祭具・地域文化といったさまざまな分野の資料を収集し，調査研究を行い，展示教育活動につなげています。西南学院大学博物館の所蔵資料の中にはインキュナブラ（初期の活版印刷本）に関するまとまった数のコレクションがあり，その一端は2017年開催の「キリスト教の祈りと芸術」や2019年開催の「宗教改革と印刷革命」といった展覧会で紹介してきました。しかし，西南学院大学博物館が所蔵するインキュナブラのコレクションを一つの展覧会ですべて出品したことは過去に無く，本展がその初の機会となります。

　「印刷文化」をテーマとする本展では，インキュナブラのみならず，印刷本に先立ってヨーロッパで普及し初期活版印刷本の様式にも影響を与えた西洋写本や，キリシタン時代に日本で印刷されたキリシタン版など，さまざまな関連資料も展示しています。ありし日の書物のすがたを紹介する本展が，長い歴史を経てこれからも継承されていく印刷文化についての理解の一助となれば幸いです。

　末筆ではございますが，本展覧会の開催にあたって，ご協力を賜りました関係各位に厚く御礼を申し上げます。

西南学院大学博物館館長

伊藤慎二

目 次

【開催概要】

2022年度　西南学院大学博物館企画展Ⅰ

印刷文化の黎明—インキュナブラからキリシタン版まで—

The Dawn of Printing Culture: From Incunabula to Kirishitan-ban

　15世紀中頃，マインツの金工であったヨハネス・グーテンベルクが活版印刷術を完成させて以降，1500年までに印刷された書物を「インキュナブラ incunabula」と呼ぶ。インキュナブラとは，「揺籃・出生地」を意味するラテン語で，18世紀末には活版印刷術の揺籃期に製作された書物を指すようになった。インキュナブラは今日の印刷本の祖先であるが，挿絵や装飾が手作業で描き込まれるなど，印刷本と写本の両方の性質を併せ持っていた。

　活版印刷術は，印刷職人の移動に伴ってヨーロッパの諸都市に伝播し，1500年までに約250の都市に1,100から1,200の印刷所が開設された。さらに，1590（天正18）年には，キリスト教布教のため来日したイエズス会の巡察師アレッサンドロ・ヴァリニャーノの発案によって，西洋活版印刷術が日本にもたらされることとなった。こうした印刷技術の伝播は，より廉価に，大量の書物を刊行することを可能とし，読者層の拡大をもたらした。

　本展覧会では，かつての面影を残しながらも変化していく書物のすがたを通し，西洋印刷文化の黎明期に迫る。

主催：西南学院大学博物館
会場：西南学院大学博物館１階特別展示室
会期：2022年６月６日（月）～８月８日（月）
協力：文林堂　印刷博物館　西南学院大学図書館
後援：福岡市　福岡市教育委員会　福岡市文化芸術振興財団

【凡例】

◎本図録は，2022年度西南学院大学博物館企画展Ⅰ「印刷文化の黎明—インキュナブラからキリシタン版まで—」〔会期：2022年６月６日（月）～８月８日（月）〕の開催にあたり，作成したものである。

◎図版番号と展示順は必ずしも対応していない。

◎各資料のデータは，原則として〔年代／製作地／作者／素材・形態・技法／所蔵〕の順に掲載している。なお，複製資料については原資料のデータを併記している。

◎本図録の編集は，下園知弥（本学博物館教員），勝野みずほ（本学博物館学芸調査員）が行った。編集補助には，山尾彩香（本学博物館学芸研究員），鬼束芽依（同），栗田りな（本学博物館学芸調査員）があたった。

◎各部の構成・解説の担当者は以下の通り。第１章：下園知弥・勝野みずほ，第２章：勝野みずほ，第３章：下園知弥。

◎資料解説は下園知弥，勝野みずほが執筆した。

◎**本図録に掲載している写真を許可なく転写・複写することは認めない。**

第1章
写本から印刷本へ
From Manuscript to Printed Book

　マインツの金工ヨハネス・グーテンベルクが活版印刷術を発明した15世紀半ばより以前，ヨーロッパにおいて書物は，写本（Manuscript）として手書きで制作されていた。写本の時代には職人たちの技巧が存分に発揮された美しい書物が数多く制作されていた一方で，その高価さと希少性のゆえに，知識人や王侯貴族など限られた社会層だけが所有できるものであった。しかし，グーテンベルクの発明以後，印刷本は瞬く間にヨーロッパ中に普及して，庶民たちの手にも渡るようになった。

　このように，写本から印刷本への移行によって「書物の読者」は大きく変化したが，「書物のすがた」はすぐさま劇的に変化したわけではなかった。インキュナブラ（Incunabula）と呼ばれる初期活版印刷本はさまざまな面で写本の特徴を留めていたからである。本章では，写本と初期活版印刷本の資料を通じて，書物のすがたの変容と継承について紹介する。

Prior to the mid-15th century a German goldsmith in Mainz, Johannes Gutenberg invented Letter Press Printing, books were handwritten in Europe. Such books were called 'manuscript'. During the age of manuscript, a number of beautiful books were made by craftsmen. However, only limited social classes could acquire these books because of its expensiveness and rarity. However, after the invention by Gutenberg, printed books were instantly prevailed and ordinary people could acquire them.

Consequently, moving from manuscript to printed book, there was a sizeable change in the 'readers of books'. However, the 'form of book' did not undergo a drastic change rapidly. For early printed books, called 'incunabula', continued to keep the various features of manuscript. In this chapter, we introduce the inheritance and transformation of the 'form of book' through materials from our museum including manuscripts and early printed books.

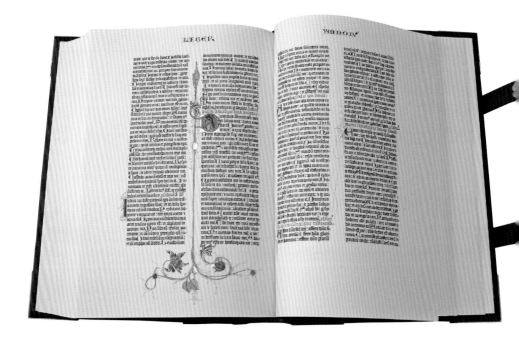

1.『42行聖書』(複製)

42-line Bible (facsimile)

原本：1455年頃／マインツ／ヨハネス・グーテンベルク印行／羊皮紙に活版，手彩
　　　国立プロイセン財団図書館およびフルダ州立図書館蔵
複製：1979年／ミュンヘン／Idion Verlag ／複製本／西南学院大学図書館蔵

グーテンベルクが印刷・出版したヨーロッパ初の印刷本聖書。ほとんどの列が42行で構成されているラテン語聖書であることから『42行聖書 *42-line Bible*』と呼ばれる。原本は160部から180部ほど出版されたと推定されており，うち49部の現存が確認されている。本文はテクストゥラ（テクストゥアリス）と呼ばれるゴシック体の活字で印刷されており，余白や頭文字（イニシアル）は写本と同様に手書きで装飾されている。（下図）

木製手引き印刷機
画像提供：印刷博物館

金属活字（ボドニーイタリック活字）
画像提供：文林堂

用語解説　印刷革命
The Printing Revolution

　印刷革命とは，金属活字と木製手引き印刷機による活版印刷術の発明・普及に端を発する，西洋における文化的変革を指す用語である。20世紀の歴史家 E. L. アイゼンステイン（Elizabeth Lewisohn Eisenstein, 1923-2016）の主著『印刷革命 The Printing Revolution in Early Modern Europe』（1983年初版）によって広く知られるようになった。アイゼンステインは同書の中で，ヨーロッパ世界における活版印刷の登場は，書物文化をのみ変えたのではなく，コミュニケーション手段の変革によって精神文化をも変えてしまったのだということを，さまざまな観点から明らかにした。

人物解説　ヨハネス・グーテンベルク
Johannes Gutenberg c.1400-68

　西洋における活版印刷の生みの親とされる人物。印刷業に携わる以前はドイツの都市マインツで金工（金属細工職人）を務めていた。活版印刷術の発明後は，ヨハン・フストの出資でマインツに印刷工房を構えて『42行聖書』を出版し，その新技術を世に知らしめた。しかし，細部まで拘り抜いた『42行聖書』の出版は経営的な成功を収めることができず，工房はフストの手に渡り，印刷業はグーテンベルクの徒弟であったペーター・シェッファーに引き継がれることとなった。その後も再起して印刷事業を継続したが，1462年に再び自身の印刷所を失い，1468年にその生涯を終えた。

2. 楽譜付きミサ典書写本断片

A Cutting from Noted Missal Manuscript

1150年頃／ドイツ（ラインラントか）／制作者不詳／羊皮紙に手彩／西南学院大学博物館蔵

ミサ典書（Missal）とは，カトリックの典礼（ミサ）に使用される式文や種々の聖歌を収録した書物である。その中でも楽譜のあるものを「楽譜付きミサ典書 Noted Missal」と呼ぶ。本資料は，*Jubilate Deo* などの聖歌が楽譜（ネウマ譜）と共に記されていることから，楽譜付き

ミサ典書の断片であると考えられる。また，その折り皺などの特徴から，後世に裁断され印刷本の装丁として再利用されていた写本断片（いわゆる Binding Waste）であることがわかる。

（下園・勝野）

    Topics　　　　　　　　　　**修道院と写本制作**

　書物が広く市民に行き渡る以前の時代，西洋中世において，書物制作の中心地は修道院であった。中世に建てられた修道院の中には写字室（Scriptorium）が設けられることがあり，そこでは写字生（Scribe）と呼ばれる訓練された修道士が自身の務めとして書物を筆写していた（彼らの仕事の様子は中世後期の修道院を舞台にした映画「薔薇の名前」〔1986年〕で観ることができる）。修道士が筆写していたと言うと宗教関係の書物ばかりが写されていたような印象を受けるかもしれないが，実際に修道院写字室で制作されていた写本はヴァリエーションに富んでおり，古代ギリシア・ローマの文学作品や哲学書，自然科学に関する書物なども写されていた。修道院が写本制作の絶対的地位にあったのは12世紀頃までであり，以降の時代には対価を受け取って筆写を行う職人や世俗の工房も台頭し，写本制作は徐々に世俗化・商業化していった。

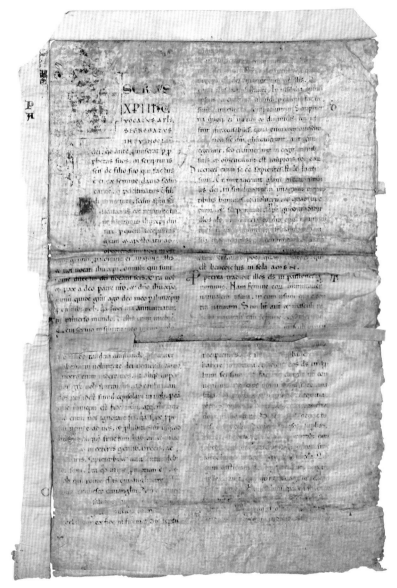

3. 12世紀ラテン語聖書写本零葉

A Leaf from Latin Bible Manuscript
12世紀／西欧／制作者不詳／羊皮紙に手彩, ギルディング／西南学院大学博物館蔵

12世紀に西欧で制作された大型聖書写本の断簡。新約聖書の「ローマの信徒への手紙」の冒頭から第3章の途中までがプロトゴシック体という書体で記されている。資料2と同じく後世に印刷本の装丁として再利用されていたため、強い折り皺があり、文字の一部は剝落してしまっている。冒頭の頭文字 "P" は装飾文字で描かれており、ギルディングと呼ばれる金箔貼りの技法が使用されていた痕跡がうかがえる。（下図）

4. 13世紀ラテン語聖書写本零葉

A Leaf from Latin Bible Manuscript
1250年頃／パリ／制作者不詳／羊皮紙に手彩
西南学院大学博物館蔵

13世紀の第2四半世紀頃にパリで考案・発明された小型聖書写本のことを「パリ聖書 The Paris Bible」と呼ぶ。パリ聖書の最大の特徴は極薄のヴェラム（羊皮紙）と極小のゴシック体の2要素であり，本資料にもその特徴が顕著に見て取れることから，本資料はパリ聖書写本の一部であると考えられる。（下図）

5. 聖母マリアの小聖務日課書

The Little Office of the Blessed Virgin Mary
1480年頃／北フランス／制作者不詳
羊皮紙に手彩，ギルディング
西南学院大学博物館蔵

15世紀後半に北フランスで制作された小型祈禱書の断簡。テキストの内容から，「聖母マリアの小聖務日課書」ないし同書と同じ内容を収録している「時禱書」の一部だと思われる（次ページ用語解説参照）。同時代にはすでに活版印刷術による印刷本の出版が始まっているが，すぐさま写本の制作が途絶えたわけではなく，写本と印刷本が混在する時代がしばらく続いていた。（下図）

6. フランス時禱書「死者への祈り」

French Book of Hours "Office of the Dead"
1450年頃／フランス／制作者不詳
羊皮紙に手彩，ギルディング／西南学院大学博物館蔵

7. フランス時禱書「全使徒への祈り」

French Book of Hours "Prayer to the All Apostles"
1510-20年頃／パリ／制作者不詳
羊皮紙に手彩，ギルディング／西南学院大学博物館蔵

用語解説　時禱書 Book of Hours

　　時禱書とは，中世後期から近代にかけて，主として平信徒たちの間で普及していた祈禱書の一種である。修道士や聖職者が用いる祈りのマニュアルである「聖務日課書 Breviarium」を起源としており，より直接的には「聖母マリアの小聖務日課書 Officium Parvum Beatae Mariae Virginis」から派生したとされている。内容は，教会暦に始まり，福音書抜粋，聖母マリアへの祈り，執り成しの祈り（諸聖人への祈り），死者への祈りなどが収録されている。今日の研究者から「中世のベストセラー」と称されるほど西欧中に広まっており，写本としても印刷本としても数多く制作されていたことがわかっている。

furgeũt ō monumēto. Inuaſerat. n. eas tremor
τ pauoꝛ:et nemini qꝗꝗ dixerũt. Timebãt. n.
Surgēs ãt ieſus mãe ꝓma ſabbati apparuit
ꝓmo marie magdalene:o ꝗ eiecerat ſepte de
monia. Illa vadēs nunciauit his q cũ eo fue
rãt lugētib' τ flētib':τ illi audiētes qꝛ viueret
τ viſus eēt ab ea nõ crediderũt. Poſt' hec autē
duob' ex his ãbulãtib' oſtēſus e i alia effigie
eũtibus i villã:τ illi eũtes nũciauerũt ceteris
nec illis crediderũt. Nouiſſime ãt recũbētib'
ill' vndeci apparuit:τ exꝓbꝛauit icredulita
tē eoꝛ τ duritiã coꝛdis:qꝛ his q viderãt cum
reſurrexiſſe ñ crediderũt:τ dixit eis. Euntes i
mundũ vniuerſũ:ꝓdicate euãgeliũ oi creatu.
Qui crediderit τ baptizatus fuerit:ſalu' erit
q vo ñ crediderit ꝓdēnabit. Signa ãt eos q
crediderint hec ſequẽt. In noie meo demoia
eijciẽt:linguis loquẽt nouis:ſꝑētes tollent τ ſi
moꝛtiſeꝝ qd biberit ñ eis nocebit. Sup egros
man' iponēt:τ bñ hebũt. Et dñs qdē e ieſus
poſtꝗ locutus e eis:aſſũptus ē i celũ:τ ſedet
a dextris dei. Illi ãt ꝓfecti ꝓdicauerunt vbiqꝛ
dño coopãte τ ſmoné ꝗfirmãte ſequentibus
ſignis

Explicit euangeliũ ſm Marchũ.
Incipit preſatio beati hieronymi
presbyteri i euãgeliũ ſm Lucam.

Ucas ſyrus natõe antioche
ſis arte medicus diſcipulus
apłoꝛũ ꝓ' ea paulũ ſecutus
vꝗ ad ꝗſumatõem eius ſer
uies dño ſine crimie. Nam
neꝗ vxoꝛe vnꝗ hñs neꝗ filios:ſeptuaginta
τ ꝗtuor anoꝛũ obijt i bithynia plenus ſpũ.
ſãcto. Qui cũ iã ſcripta eēnt euãgelia p mat
theũ qdē in iudea. p marcũ ãt i italia:ſcō iſti
gãte ſpũ i achaie ꝓtib' hoc ſcripſit euãgeliũ
ſignificãs et ipe i ꝓncipio añ ſui alia eē deſcrip
ta. Cui extra ea q oꝛdo euãgelice diſpoſitõis
expoſcit:ea maxie neceſſitas laboꝛis fuit. vt
ꝓmũ grecis fidelib' oi ꝓphetatõe vẽturi in car
né dei xpi oi maifeſtata hũanitate:ne iudaicis
fabulis attēti i ſolo legi ꝺſiderio tenerẽtur: vł
ne hereticis fabulis τ ſtultis ſolicitationibus
ſeducti exciderēt a vitate:elaboꝛaret: dehinc
vt i ꝓncipio euangelij ioãnis natiuitate ꝓſup
ta cui euangelium ſcriberet:τ in quo electus
ſcriberet indicaret:ꝓteſtans in ſe completa eſ
ſe q eēnt ab alijs ichoata. Cui iõ poſt bapti
ſmũ filij dei a pfectione generatõnis in chriſ
to iplete:repetende a ꝓncipio natiuitatis hũa

ne poteſtas pmiſſa ē vt reqrētibus dmõſtra
ret in quo apꝓhēdēs erat p nathan filiuꝝ da
uid itroitu recurrēns i deum generatiõis ad
miſſo:idiſperabilis dei ꝓdicãs i hoibus xpꝝ
ſuũ:pſecti opus hois redire i ſe p filium facet
q per dauid pꝛem veniētibus iter pꝛebebat i
xpm. Cui luce nõ imerito ẽt ſcribendoꝛũ ac
tuũ apłoꝛuꝝ poteſtaſi miſterio datur : vt deo
in deum pleno τ filio pditionis extincto:oꝛa
tõe ab aplis ſeã:ſoꝛte dñi electionis numerus
compleretur. Siceꝝ paulus ꝓſumatõeꝝ apłi
cis actibus daret:quē diu ꝗtra ſtimuluꝝ ꝓcal
citrantẽ dñs eligiſſet. Quod τ legētibus ac
reqrētibus deũ:τ ſi p ſingula expediꝛi a no
bis vtile fuerat:ſciens tñ ꝙ opantem agrico
lã opoꝛteat ꝓmum ꝺ fructibus ſuis edere:vi
tauimus publica curioſitatéꝰne non tam vo
lentibus deum dmõſtrare videremur:ꝗꝝ faſ
ſtidiētibus,ꝓdidiſſe.

Explicit prefatio hieronymi. Inci
pit,phemiũ bñi luce i euãgeliũ ſuũ.

Uoniã quide multi conati ſũt oꝛdiare
narratões ꝗ i nob ꝗplete ſũt reꝝ: ſicut
tradiderũt nobis q ab inito ipi viderũt:τ mi
niſtri fuerũt ſmõis:viſum ē τ mihi aſſecuto
oia a ꝓncipio diligēter ex oꝛdie tibi ſcribere
optime theophile:vt cognoſcas eoꝝ vboꝛũ
de quibus eruditus es vitatem.

Incipit euãgeliũ ſz luca. Capłm.I.

Uit i diebus he
rodis regis iudee ſacerdos
quidam nomine zacharias
de vice abia:et vxoꝛ illius ꝺ
filiabus aaron:τ nomen eius heliſabet. Erãt
autem iuſti ambo ante deum incedentes i
omnibus mãdatis τ iuſtificationibus domi
ni ſine querela:τ non erat illis filius eo ꝙ eēt
heliſabet ſterilis:et ambo proceſſiſſent in die
bus ſuis. Factum eſt autem cum ſacerdotio
fungeretur zacharias in ordine vicis ſue:an
te deum ſecundum conſuetudinem ſacerdo
tij ſorte exijt:vt incenſum poneret ingreſſus
i tēpluꝝ dñi. Et ois młtitudo ppłi erat oꝛans
foꝛis hoꝛa icenſi. Apparuit ãt illi ãgelus dñi
ſtãs a dextris altari icēſi:τ zacharias ſbatus
ē videns. τ timoꝛ irruit ſup illũ. Ait autem ad
illũ ãgelus: Ne timeas zacharia quoniaꝝ ex

8. 福音書零葉

A Leaf from Latin Gospels Incunabula
1479年／ヴェネツィア／ニコラ・ジャンソン印行
紙に活版，手彩，ギルディング／西南学院大学博物館蔵

ニコラ・ジャンソン（p. 31人物解説参照）によって印行された ラテン語聖書のインキュナブラ。「マルコによる福音書」の末尾と「ルカによる福音書」の冒頭が記されている。活版印刷術が使用され始めて間もない時期には，本文は金属活字で印刷され，装飾部分は手作業で描き込まれていた。本資料でも，頭文字の“L”と“F”が，青，緑，紫などのインクや金箔で美しく彩られている。このような装飾の多くは本文の印刷後に施されたため，同じ出版人による同じ版のインキュナブラであっても，それぞれ異なる意匠になることがある。(勝野・下園)

Topics　**インキュナブラのブックデザイン**

　インキュナブラは，写本から印刷本への過渡期に刊行されたため，写本文化の伝統を残している点も多い。写本のデザインに倣い，冒頭の頭文字は赤や青のインクでルブリケイト（強調）されたもの（資料15, 17）や，彩色やギルディングを用いてイルミネイト（装飾）された例（資料1, 8等）も多く見られる。頭文字の場所は印刷の段階では空白にされているか，「ガイドレター」と呼ばれる小さな活字でその場所に書く文字が指示されていた。多色印刷は，1457年にヨハン・フストとペーター・シェッファーが成功させるが，技術的な問題のためか，インキュナブラの時代以降も長らく手作業で彩色する手法がとられることが多かった。

用語解説　**インキュナブラ** Incunabula

　グーテンベルクが活版印刷術を発明・実用化した15世紀中頃から1500年までに出版された印刷物を「インキュナブラ」と呼ぶ。“Incunabula”は，ラテン語で「揺籃・出生地」を意味する言葉で，活版印刷術の完成から200年後の17世紀中頃に「揺籃の時代にある印刷術」を指すようになり，18世紀末には，そのような時期に出版された印刷物自体を指す用語になった。しかしながら，書物のすがたには1500年を境に急激な変化が訪れたわけではなく，写本の伝統を残しながら徐々に変化を遂げていった。

　インキュナブラの登場以後，印刷文化の普及によって書物の製作速度は劇的に速くなり，大量の印刷が可能となった。1480年代には，ヨーロッパで1年間に刊行される書物の数が1,000版を超え，印刷術の完成から1500年までに刊行されたインキュナブラの総数は約40,000版と推定されている。しかしながら，その内の10,000版は現存しておらず，各版の印刷部数も明らかになっていない。

9. 聖ヒエロニムス 「マタイ福音書註解」

A Leaf from St. Jerome's Commentary on Matthew
1497-98年／ヴェネツィア／グレゴリース兄弟印行
紙に活版・木版／西南学院大学博物館蔵

西方教会の代表的なラテン語訳聖書であるウルガタの翻訳者聖ヒエロニムスが著した聖書註解書のインキュナブラ。インキュナブラは中世の写本を手本に作られたため，近代の書物に見られるような標題紙はほとんど見られず，タイトルや著者は Incipit（ラテン語で「……が始まる」の意）という単語の前後に記述されることが多い。本資料では，タイトル下の見出しに "INCIPIT" の文字が見られ，以下に聖ヒエロニムスによる「マタイによる福音書」註解の序文が記されている。資料左部の余白には，文章の出典などを記した欄外註が本文より小さな活字で印刷されている。

(勝野)

◀ INCIPIT
部分拡大図

10.『キリストの生涯』

A Leaf from *Vita Christi*
1499年／ズウォレ
ザクセンのルドルフ著，ペーター・ファン・オズ印行
紙に活版・木版，手彩／個人蔵

カルトゥジオ会の修道士ザクセンのルドルフ（Ludolphus de Saxonia, c. 1295-1378）の主著『キリストの生涯 *Vita Christi*』のオランダ語版インキュナブラ。オランダのペーター・ファン・オズによって印刷が手掛けられた。木版の挿絵にはイエスの足を自らの髪でぬぐうベタニアのマリア（「ヨハネによる福音書」12:1-8）が描かれている。紙面右上のローマ数字 "CXIIII" から，本資料は本文の114葉目であることがわかる。(勝野・下園)

La salutation angelicque que lange
du ciel apporta en disant Aue ma
ria gratia plena dominus tecum.

11. 時禱書零葉「受胎告知図」

A Leaf from Book of Hours (Page of "Annunciation")
1500年頃／西欧(フランスか)／印刷者不詳／羊皮紙に活版・木版，手彩，ギルディング／西南学院大学博物館蔵

1471年，アウクスブルクで初の印刷時禱書が刊行されて以降，フランスを中心として刊行されるようになった印刷時禱書は，写本の廉価版としての側面を持っていた。本資料も，細密画を模した木版画に手彩色やギルディングが施され，紙ではなく羊皮紙に印刷されていることから，羊皮紙を使用した高価な写本に近づける意図があったと考えられる。一方で，細密画の代わりに版画を利用することで挿絵や装飾を充実させ，写本との差別化が図られていた。(勝野)

12. パリ時禱書零葉

A Leaves from Paris Book of Hours

1502年頃／パリ／シモン・ヴォートル印行
羊皮紙に活版・金属凸版か，手彩，ギルディング
西南学院大学博物館蔵

パリの印刷業者シモン・ヴォートルは，同じ
く印刷業者で版画家のフィリップ・ピグシェ
と18年にわたって共同し，100版近くの時禱書
を印行した。ほとんど全てのページで本文を
囲んでいるボーダー（縁飾り）は，イエスの
受難物語や動植物の文様などを描いた小さな
版を複数組み合わせて制作された。15世紀の
第4四半期に，特にパリで刊行された印刷
本の時禱書は，印刷・出版元が異なっていて
も共通の様式が多く，資料の同定は極めて難
しいとされる。(勝野)

①文選（ぶんせん）

原稿をもとに活字ケースから活字を拾い，左手に持った「文選箱」に並べます。左から並べますが，横書きの時は活字の「天」は下側，「ネッキ」が上になります。縦書きの時も左側からネッキを右横に並べて作業をします。ネッキは，鋳造された活字をレールの上に並べて運ぶための「溝」です。活字の配列は漢和辞典と同じで，よく使う活字は取り出しやすいところに置いてあります。全国どこも同じ並べ方ですので，文選職人はどこででも作業ができるようになっていました。

②植字（しょくじ）

植字も専門職で，文選職人が拾った活字をレイアウトにしたがって鉄製の「組み盆（ぼん）」の上で見出しをつけたり，囲み罫を使ってコラム（段）を組んだりして誌面をページ毎に組んでいきます。込めものには活字の大きさやレイアウトに合わせて調整できるように，全角・半角・¼角などさまざまな大きさのものがあります。文字部分はステッキを使って手元で組んだ文章を一時的に棒組みにしておきます。

③印刷の準備

組み版は印刷機の「チェース」と呼ばれる枠にセットします。写真はジャッキを使っていますが，昔は木製の「楔（くさび）」でした。組み版には木製の「インテル」と呼ばれる行間調整のための板を使用していますが，「木」と「金属」を組み合わせることによって，活字や込め金（がね）が抜けるのを防ぎます。上部の円盤にインキを載せて，2本のローラーの往復でインキを版に供給します。

④印刷

この写真の印刷機は手フート印刷機です。「手キン」とも呼称されています。左側のレバーを押し下げて圧力をかけます。もともと動力のない時代の鉄製印刷機はフットと呼ばれていましたが，プライベート印刷のために小型化し，手で圧を加えるようになったので「手＋フット」から「手フート」といいます。

コラム 「印刷革命」以後の写本たち

西南学院大学博物館教員 下園知弥

西洋における書物の形式を一変させた印刷革命の後，印刷本にその地位を取って代わられた写本たちにはどのような運命が待っていたのだろうか。本コラムでは，その歴史の一端を紹介したい。

印刷本の登場直後，すなわちインキュナブラの時代には，写本はまだ相当数制作されていたと考えられる。というのも，多くの図書館・博物館で15世紀後半から16世紀前半にかけて制作された写本を確認することができるからである。特に，美術史に名を残すような豪華装飾写本はこの時期に制作されたものも多く，「芸術品」としての写本の地位は印刷革命以後も簡単には揺らがなかったことがわかる。この種の写本は，以後も富裕層の庇護を得て丁重に保管され，最終的に図書館や博物館に行き着いたというケースが多い。

その一方で，装飾性に乏しい簡素な写本には別の運命が待っていた。印刷革命以後，この類の写本はすぐさま市場から姿を消し，既に所有されていた写本も，破棄されるか，本来の用途とは別の目的に使われることになった。そうして現れたのが，Binding Waste と呼ばれるところの，印刷本の装丁として再利用された写本たちである。単なる本の素材になってしまったという意味では悲惨な運命かもしれないが，そのおかげで長くこの世に留まり，写本が再評価されるようになった19世紀以降に「発見」された例も少なくない。

19世紀における写本の再評価を印象付ける二つのエピソードがある。一つは，聖書学者ティッシェンドルフによる『シナイ写本』の発見である。彼自身が語るところによれば，1844年にシナイ山の聖カタリナ修道院で籠の中に打ち捨てられていた古写本の断簡を彼が発見し，それを修道士から譲り受けて検めたところ，最古級の聖書写本であることが判明した。この発見によりティッシェンドルフは学者としての地位を不動のものにしたが，彼の語るエピソードについては疑問の声も多い。

いま一つは，ウィリアム・モリスのケルムスコット・プレスに代表される「プライベート・プレス」の出現である。19世紀の西欧は中世復興の時代であり，書物の分野も例外ではなかった。当世の印刷本は粗悪であると嘆いていたモリスのような職人気質の印刷者たちは，プライベート・プレスを設立し，中世の写本やインキュナブラを手本としてデザイン性に優れた印刷本の刊行を試みたのである。彼らの試みは，書物の歴史の重要な一ページとして記憶されている。

印刷革命以後，写本は同時代人の読み物としての役割を終えたが，その芸術的・史料的価値を評価する者は常に一定数存在していた。そのような人たちがいる限り，写本はこれからも私たちの世界に存在し続けるだろう。

モリスが1891年に設立したケルムスコット・プレスのプリンターズマーク *Laudes Beatae Mariae Virginis*（1896年刊行，西南学院大学博物館所蔵本）より

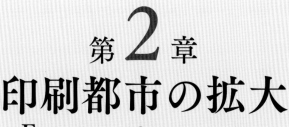

第2章
印刷都市の拡大
Expansion of Printing City

　マインツから最初に活版印刷術が伝来したのは，1460年頃のシュトラスブルク（ストラスブール）で，ほぼ同時期にバンベルクでも印刷業が興った。その後も印刷術はドイツ各地へと伝播してゆき，さらに1465年にはローマ近郊のスビアコの修道院にイタリアで最初の印刷所が開設された。1470年以降，活版印刷術はフランス，イギリス，ネーデルランド，イベリア半島，東欧，北欧へと次々に伝えられ，1500年までにはロシアを除くヨーロッパの約250の都市に1,100から1,200の印刷所が存在した。

　このようにして，マインツで始まった活版印刷術は，職人および技術の移動とヨーロッパ各地に広まっていった。本章では，ヨーロッパ最大といわれた印刷所が設立されたニュルンベルクと，数々の印刷業者が開業し15世紀最大の印刷都市となったヴェネツィアの二つの都市について取り上げ，各都市の出版人やその出版物について紹介する。

　The first letterpress printing was introduced from Mainz around 1460 in Straßburg (Strasbourg), and at about the same time the printing business also started in Bamberg. The art of printing continued to spread throughout Germany; furthermore, in 1465 the first printing house in Italy was opened in the Abbey of Saint Scholastica in Subiaco, near Rome. After 1470, letterpress printing was successively introduced in France, England, the Netherlands, the Iberian Peninsula, Eastern Europe and Northern Europe. By 1500 there were approximately 1,100‑1,200 printing houses in about 250 European cities, excluding Russia.

　Thus, the art of letterpress printing, which began in Mainz, spread to other parts of Europe, through the movement of craftsmen and technology. This chapter focuses on two cities, Nuremberg, where the largest printing house in Europe was established, and Venice, where numerous printers opened their doors and became the largest printing city of the 15th century, which introduced the publishers and their publications in each city.

◖ 印刷都市関連年表

1455年頃	マインツでグーテンベルクが『42行聖書』を印刷する。
1460年以前	シュトラスブルクで J. メンテリンが印刷所を開設する。
1461年以前	バンベルクに印刷術が伝わる。
1465年	スピアコに C. スヴァインハイムと A. パナルツが印刷術を伝える。
1465年頃	ケルンに印刷術が伝わる。
1467年	ローマ，エルトヴィルに印刷術が伝わる。
1468年	アウクスブルクに印刷術が伝わる。
1468年頃	バーゼルに印刷術が伝わる。
1469年以前	J. ゼンゼンシュミットがニュルンベルクで印刷術を開始する。
1469年	J. シュパイアーがヴェネツィアで印刷術を開始する。
1470年	パリに印刷術が伝わる。
1470年頃	ナポリに印刷術が伝わる。
1471年	フェラーラ，ボローニャ，シュパイアーに印刷術が伝わる。
1471年頃	ミラノ，フィレンツェに印刷術が伝わる。
1472年	マントヴァに印刷術が伝わる。
1473年	ウルム，リヨン，ユトレヒト，アロストに印刷術が伝わる。
1474年	ヴィチェンツァ，ルーヴァンに印刷術が伝わる。
1475年	バルセロナ，サラゴサに印刷術が伝わる。
1476年	ウェストミンスターに印刷術が伝わる。
1477年	ハウダ，デフェンテルに印刷術が伝わる。
1477年頃	ズウォレ，セヴィリアに印刷術が伝わる。
1480年頃	ライプツィヒに印刷術が伝わる。
1481年	アントワープ，サラマンカに印刷術が伝わる。
1485年頃	ルーアンに印刷術が伝わる。
1489年	リスボンに印刷術が伝わる。
1640年	活版印刷術発祥の地，ドイツで印刷術発明200年祭が祝われ，初期印刷史に関する Mallincrodt: *De ortu ac progressu artis typographicae* が刊行された。

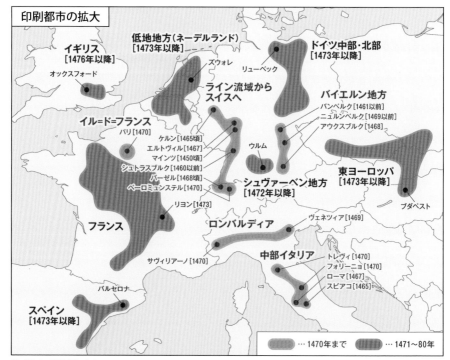

印刷都市の拡大

イギリス [1476年以降] — オックスフォード
低地地方（ネーデルランド）[1473年以降] — ズウォレ リューベック
ドイツ中部・北部 [1473年以降]
ライン流域からスイスへ
バイエルン地方 — バンベルク[1461以前] ニュルンベルク[1469以前] アウクスブルク[1468]
イル＝ド＝フランス — パリ[1470]
ケルン[1465頃] エルトヴィル[1467] マインツ[1450頃] シュトラスブルク[1460以前] バーゼル[1468頃] ベーロミュンステル[1470]
ウルム
シュヴァーベン地方 [1472年以降]
東ヨーロッパ [1473年以降] — ブダペスト
リヨン[1473]
フランス
ロンバルディア
ヴェネツィア[1469]
サヴィリアーノ[1470]
中部イタリア — トレヴィ[1470] フォリーニョ[1470] ローマ[1467] スピアコ[1465]
バルセロナ
スペイン [1473年以降]

… 1470年まで　… 1471～80年まで

【参考】印刷博物館編『プランタン=モレトゥス博物館展 印刷革命がはじまった：グーテンベルクからプランタンへ』印刷博物館，2005年／慶應義塾図書館編『インキュナブラの時代：慶應義塾の西洋初期印刷本コレクションとその広がり』慶應義塾図書館，2018年／ Incunabula Short Title Catalogue（ISTC）http://www.bl.uk/catalogues/istc/

第1節 Nürnberg

1469年頃, ヨハン・ゼンゼンシュミット (Johann Sensenschmidt, ?-1491) がニュルンベルクで印刷業を創始する。ニュルンベルクは中世以来, イタリアとヨーロッパ北部を結ぶ貿易都市として栄えており, 金属手工業や製紙工業が発達していたため, 印刷都市として発展するための条件が揃っていた。

1460年代に活版印刷へ木版画が導入されて以来, ドイツ各地で挿絵本が刊行されるようになり, ニュルンベルクもまたその中心地の一つであった。同都市では, 印刷業者アントン・コーベルガー (p.23人物解説参照) と, 画家のミヒャエル・ヴォルゲムート (Michael Wolgemuth, 1434-1519) が中心となって数多くの挿絵本が印行された。

参考『ニュルンベルク年代記』(複製)

Liber Chronicarum (facsimile)
原本：1493年／ニュルンベルク／アントン・コーベルガー印行／紙に活版・木版, 手彩／アンナ・アマーリア大公妃図書館蔵
複製：2018年(2001年初版)／ケルン／TASCHEN／複製本／西南学院大学博物館蔵

ニュルンベルク在住の医師・人文主義者のハルトマン・シェーデルが著した, 天地創造から1490年代初頭までの世界史を扱った書物。最初はラテン語で著されたが, ドイツ語版の出版も企画され, ニュルンベルクの歴史家ゲオルク・アルトが翻訳を担当した。約645点の木版挿絵はミヒャエル・ヴォルゲムートとヴィルヘルム・プライデンヴルフが担当した。一定の大きさの図版を規則的に埋め込んでいくのではなく, さまざまな大きさの図版をテクストと対応させながらレイアウトするために, 文字と絵が描き込まれた印刷用の稿本が作成された。稿本に加え, 制作に関する契約書などの関連文書も保存されており, この時代の物としては珍しく出版に至るまでの過程を確認することができる。

(勝野)

13. ニュルンベルク図

Illustration of Nuremberg

1493年か／ニュルンベルク／ミヒャエル・ヴォルゲムート作, アントン・コーベルガー印行／紙に活版・木版
西南学院大学博物館蔵

ドイツ語版『ニュルンベルク年代記』のインキュナブラ断簡。二葉に跨(またが)って実際のニュルンベルクの都市景観に忠実に描かれた木版画が印刷されている。本図には, 二重の環状の城壁に守られた整然とした街並みが広がり, 聖セバルド

ゥス教会と聖ラウレンティウス教会の尖塔がそびえる。右手前にはペグニッツ川と, 都市近郊の集落ハーダーミューレにあるドイツで最初の製紙工場が見られる。(勝野)

Nurmberg

アントン・コーベルガー Anton Koberger c.1440/45-1513

　ニュルンベルクで最初の印刷所を開業したコーベルガーは，最盛期には24台の印刷機を稼働させるために約100人の職人を雇ったとされ，ヨーロッパ最大の印刷所を経営していたことで知られる。彼は，ドイツ各地やヴェネツィア，パリなどの西欧の主要都市に販売代理人を置き，その販路を拡大していた。1483年，同業者から譲り受けた版木で挿絵入り聖書を刊行したコーベルガーは，次々に木版挿絵本を出版し，その成功を契機に図解世界史『ニュルンベルク年代記』の刊行が企画された。

14. デューラー『聖母伝』(複製)

Vita Mariae (facsimile)

原本：1511年／ニュルンベルク／アルブレヒト・デューラー／書冊，紙に木版
　　　スペイン国立図書館およびバイエルン州立図書館蔵
複製：2015年／サラマンカ／C. M. Editores ／複製本／西南学院大学博物館蔵

デューラーは聖母マリアの生涯を描いた20の木版画に，ベネディクトゥス・ケリドニウスによるラテン語の詩句を添え『聖母伝』として1511年に出版した。同年には，『大受難伝』と『黙示録』（1498年初版の再版）という過去の主要な版画を収録した大型の書冊を出版している。これらは企画・版画制作から版元までを一人の画家が主導した稀な例である。掲載箇所には奏楽天使と諸聖人に囲まれた聖母子が座し，図下部の天使の足元には作者のイニシアル AD のモノグラムが記されている。(勝野)

人物解説　**アルブレヒト・デューラー**　Albrecht Dürer　1471–1528

　　ニュルンベルクの金工であった父のもとに生まれる。ニュルンベルクの印刷業者アントン・コーベルガーは彼の名付け親であった。15歳から17歳までの 3 年間は，『ニュルンベルク年代記』の木版挿絵を担当したヴォルゲムートの工房で画家修行をしていた。このことから，同書の下絵の制作にデューラーが関わっていた可能性が高いが，該当箇所の正確な特定は困難とされる。

15. ラテン語聖書「歴代誌」

A leaf from Latin Bible Incunabula of I Chronicles

1478年／ニュルンベルク／アントン・コーベルガー印行／紙に活版，手彩／西南学院大学博物館蔵

コーベルガーが印刷したラテン語聖書のインキュナブラ断簡。書物の全体は，旧約聖書，新約聖書，修道士メナルドゥスの書簡で構成されている。本文上部の空白には，本や章の標題，あるいはそのページの主題語や頁数が印刷されて

いることがあり，この見出しを「欄外表題」という。本資料には，"Liber Paralippo (menon) Primus" "cxlv" の文字があることから，旧約聖書「歴代誌 上」のテクストが記された145葉目であることがわかる。(勝野)

第2節　Venezia

1469年，ヨハン・フォン・シュパイアー（Johann von Speyer, ?-1470）がヴェネツィア初の活版印刷所を設立するが，翌年死亡し，弟のウェンデリンが継承する。同年の1470年にヴェネツィアで2番目の印刷所を開業したのが北フランス出身の金細工職人，ニコラ・ジャンソン（p.31 人物解説参照）であった。1489年にはフィレンツェ出身のルカントニオ・ジュンタ（Lucantonio Giunta, 1457-1538），1494年にはアルド・マヌーツィオ（Aldo Manuzio, 14

49/1452-1515）など，次々と新たな印刷業者がヴェネツィアに参入した。15世紀後半のヴェネツィアは，オスマン帝国に領土を脅かされていたものの，依然として東方貿易の拠点であり，商品の中には紙も存在した。また，大学都市パドヴァが支配領域に含まれていたことから，書物の需要が高まっていた。これらの要因もあり，ヴェネツィアは15世紀ヨーロッパ最大の印刷都市に成長していった。

参考 **ヴェネツィア図**

Illustration of Venice from *Peregrinatio in Terram Sanctam*
1486年／マインツ／エルハルト・ロイヴィヒ原画，ペーター・シェッファー印行／紙に活版，木版
ニューヨーク・メトロポリタン美術館蔵

『聖地巡礼 *Peregrinatio in Terram Sanctam*』の著者であるベルンハルト・フォン・ブライデンバッハー行は，ヴェネツィアからエルサレムへと旅をし，エルハルト・ロイヴィヒがそこでスケッチした図をもとに同書の木版挿絵が制作さ

れた。本図の中央にはサンマルコ大聖堂，その手前にドゥカーレ宮殿が描かれている。本図を参考に，『ニュルンベルク年代記』のヴェネツィア図が制作されたとされている。（勝野）

CANTO.XII.DELA SECONDA CANTICA DI DANTHE.

Iparicome ebuoi che ua
no al giogho
menandauio con quellani
ma carca
fin chel fofferfe el dolce pedagogo
Ma quando dixe lafcia lui & uarca
che qui e buono con lauela & coremi
quattique po ciafcu pigner fuo barca.
Dritto fi come andar uuolli rifemi
con la pfona aduegna che e penfieri
mirimaneffir inchinati & fcemi.
Io mero moffo & feguiua uolentieri
del mio maeftro e paffi: & ambe due
gia moftrauan comerauan leggieri.
Et elme dixe uolgi glocchi in giue
buon ti fara per tranquillar la uia
ueder lo lecto delle piante tue.

p Artitofi da lanime che purgauano la paffata fuplbia:
dimoftra molte hiftorie effer fcolpite nel fuolo: pel
qle paffaua i excplo & admonimero de fuperbi. Virgilio
adunque lo lafcio an dare con Odorifi ifino doue erono tali fculpture. Di poi lam̃oni che pa/
faffi innanzi. Andaua di pari con Odorifi. Et nomina Virgilio pedagogo non fanza cagione. Imperoche in
greco quefto uocabulo fignifica quello: al quale efanciulli fono dati in cuftodia. Vole adung fignificare che
iui. la fenfualita e fanciullo: pche facile fi lafcia uincere i da lappetito c e fanciullo. & fontellecto e fua guida.
CHE qui e buon̄ lauela & fe feguia pigner la barca. Ilche i forma fignifica c̄b faffrettino nel paffare. Et fi
molti riterifcono: che dobbiamo ufar celerita ne la penitētia. & meritamēte. Ma ancora uuole fignificare
che nō e uitio che dobbiam lafciare piu tofto che la fuplbia. pche e maximo di tutti: & fopra tutti priciofiffi
mo. DRitto fi come. perche i compagnia de lanima ero ito chinato al prefete mi fecci dritto fi come fi uo
le andare: benche epenfier mei rimaneffer chinati per compaffione de lanima. Et etia per humilita con la
qle purgaua la fuplbia. IO MEro moffo & feguia uolentieri epaffi del mio duca. Imperoche hauendo affai
contemplato la fuperbia: & per confequens purgato. mene feguitauo uolentieri la ragione & la doctrina.
Et rimaneuo piu leggier che lufato. Ma Virgilio lammonifce che andado riguardi le fculpture: feqli erono
p terra. Tutte qfte come uedrai erono hiftorie & fauolẽ dhuomini: ne quali era ftata molta fuperbia. Ilper
che era inftituito che fuffino fculpiti in terra: perche non meritano altro luogho quegli che fi fono inalzati
pru che o la natura o la conditione: o la doctrina nō patiua che iaccere nel ifimo. Et admonifce qui lontelle
cto la fenfualita: accioche non diuenti piu elata che el iufto non richiede che riguardi quefte fculpture. i. fi ri
duca a memoria tali exempli. Et nela mente fua confideri con quanta iuftitia idio Depofuit potētes de fede
Et in quato puoco prezo fico rimaf ne la memoria de glihuomini. Cercorō e fuperbi altezza: hora iaccono
in infimo grado. Cercorono fama hora fono in infamia. Cercorō diuini honori: hora fono priuati dogni
humana gloria. Quefto pẽfa lhuomo che ff uuole purgare. Quefto del continuo cōfidera. Quefto giorno
& notte ha fixo ne la mente:

Comme perche di lor memoria fia
fopra efepulti le tombe terragne
portan fegnato quel che glera pria.
Onde li molte uolte fe nepiagne
per la punctura della rimembranza
che folo a pii da delle calcagne.
S iuidio li ma di miglor fembianza
fecondo lartificio figurato
quanto per uia fuor del monte auãza
tale punctura non da de le calcagne. ideſt non fprona fe non epii. ideſt epiatoſi: perche chi non e piatoſo nō

d Imoftra che cofi uedeua egli i terra fculpite quelle hi
ftorie: lequali pocho doppo fcriuerra: come fi uede
ao fchulpite le imagini de gluomini gia morti i fu le loro
fepulture: accioche tali imagini riduchio a le noftre meti
la memoria d̄quegli. Onde dice come le tōbe terragne. i.
le fepulture meffe i terra fopra efepulti. i fopra a ̄gli che
quiui fono fepulti. portan fegnato quello che glera pria. i.
portano fculpito lhuomo fepulto in quella forma che era
pria che fuffi diffoluto & ritornato in cenere. Et qfte ima
gini uintagliano: accioche fia memoria di loro. Onde iter
uiene che li ideſt fopra quelle imagini fpeffo fe ne piagne
Imperoche paffandoui glamici e parenti piangono. PER
la punctura de la rimembranza. ideſt perche la memoria
de lamico o parente morto pugne & tormẽta lanio. Ma

Z

---

16. ダンテ『神曲』煉獄篇・天国篇

左：煉獄篇　右：天国篇

Divina Commedia: Purgatorio, Paradiso

1491年／ヴェネツィア／ダンテ・アリギエーリ著、ペトルス・デ・ピアシス出版／紙に活版・木版／西南学院大学博物館蔵

本資料はペトルス・デ・ピアシスが出版を手掛けたインキュナブラで，本文より小さな活字で　人文学者のクリストフォロ・ランディーノによる註釈が添えられている。『神曲 *Divina Commedia*』の

PARADISO
CANTO.XXV.DELA TERTIA CANTICA DIDANTHE.

E mai continga chel poe
ma facro
al quale ha posto mano &
cielo & terra
fiche mha facto p piu anni macro
Vinca la crudelta che fuor mi ferra
del bello ouile doue io dormi agnello
nimico alupi che li danno guerra.
Con altra uoce homai con altro uello
ritornero poeta & fu li ful fonte
del mio baptefimo predero el capello,
Pero che nella fede che faconte f
lanime a dio qui ui entrato & poi
pietro per lei fi migyrola fronte

h A nel precedéte capitulo tractato dela fede el
noftro poeta. Et al pfete i qfto ugefimoquito tracta dela feeóda uirtu theologica che e fperáza Aduóq prima
pone la fua fperanza di tornare nela patria & i qfta effere coronato. Dipoi iduce iacobo apoftolo che lo exa
mina di qfta uirtu. Dipoi gli ppone tre dubbii circa a qfta uirtu & beatrice rifpóde al primo & el poeta al fe
códo: & finalmente e domandato laufore da iacobo ode gli uega qfta uirtu. Ma acchoche el pemio fia có
ueniéte ala materia dela fperanza dimoftra fperare & dice. Se mai coriga.i.aduéga che qfto mio poema fa/
cro elqle ha pofto mano.i.porto aiuto cielo & terra. In p hoche tracta dela natura del uitio & dela purgatóe
di qllo. tracta dele uirtu morali & fpeculatiue. Siche mha facto p molti áni macro pche mi affiduaméte cóté
pla & cópone diuenta magro. Onde le imagini de poeti fi faccó magre. louenale p qfto dixe. Vt dignus ue-
nias eder is.& imagine macra. Vinca la cru delta de mei cittadini laqle e cagione che io fia relegato fori. Del
bello ouile.i.dela bella citta: & chiamalo ouile ad imoftrare la inocéta & mafuetudine del populo male gouer
nato da principali cittadini qli erono al populo cóe e lupi ale pecore. Vitupa adúq nol la citta & el populo: ma
e gouernatori agli iuicóe inocéte cóe imaculato agnelle dice effer ftato inimico. cú altra uoce: qfi dica có piu
elegáti uerfi. có altro ouelo. fiette nela tr' ftatóe qli dica nó có uello dagnello ma di robufto mctóe. ritornero
poeta & predero el capelo.i.la diaurea i fulfote lmio baptefmo: cioe nel tépiod i ioái bapt fta nel qle mi bap
tezai. & meritaméte hauédo cátato dela fede fi uol fare poeta & ql luogho doue pfe la fed chriftiana.óde dice
pch' io étrai nela fede laqle faconte: cioe própte, & máifefte laie adio i ql luogho. Et la fede e qlla che mha i
ducto afcriuer qfto poema & peffere fi uera fed pietro cóe pocho difopra diftro gli p tro tre uolte la frote.

Indi fi moffe un lume uerfo noi
de quella fpera onde ufci la primitia
che lafcio chrifto ne uicarii fuoi
Et la mia donna piena di letitia
mi dixe mira mira eccol barone
per chu la giu fi uifita galitia
Si come quando el colombo fi pone
preffal compagno luno a laltro pá dee
girando & mormorando laffection
Cofi uidio luno da laltro grande
principe gloriofo effere acolto
laudando el cibo che la fu gli prande,
Ma poi chel gratular fi fu accolto
tacito coram me ciafchun faffiffe
ignito fiche uincea el mio uolto

d Opo el pemio el poeta ritorna alopa & cótinuádo la
materia dice. Indi cioe poi che pietro mi giro la fróre
da quella medefima fpera del bello ballo degli apoftoli: ó
de era pria uenuto a me pietro che fu la primitia de uicari
cioe el primo uicario che chrifto lafcio i terra: fi moffe un
lume che era lafa di iacobo & uéne uerfo noi. Alhora bea
trice ueramente fua donna piena di letitia pch' ogni dimo
ftratone che fa la theologia da allanimo noftro fommo
gaudio. dixe mira & guata ecco el barone. PEL cui pel qle
la giu in terra fi uifita galitia: perche molti fanno uoto da
dare a ufitare la chiefa fua laquale e in galitia. Si come p
tima comparatione per laquale dimoftra che come inter-
uiene nel cógiugo de colúbi che quando luno fi pone ap
preffo alaltro girádo fi & mormorándo moftra laffetione
che gli porta: cofi luno uicario affettion noe luno apoftolo ac
colfe laltro laudando idio elqle e cibo dellanime beate
& laffu in cielo gli prande cioe gli tiba prander e in latino
fignifica definare: ma poi che el gratulare.i.la lieta acco-
glenza fu abfcolto.i.abfoluto & finito luno & laltro fi fer
mo nel confpecto di danthe tacito & confilentio & fi igni
to.i.fi fiámato & accefo che uincea el mio uolto & la mia
coufta.i.mabaglaua i for mace no f pote o guardargli.

印刷本は，1472 年のフォリーニョでの初版以来，多くの業者によって刊行された。本版はピエトロ・ダ・フォリーニョの編集によるもので，小さな木版画が 100 点挿入された。煉獄とは，カトリック教義における，天国・地獄のどちらにも属さない死者の魂が訪れ罪を浄化する場所のことである。ダンテは『神曲』の中で煉獄を七つの環状の道から成る山として描き，死者は七つの罪を浄化しながら煉獄の山を登り天国を目指すとした。(勝野)

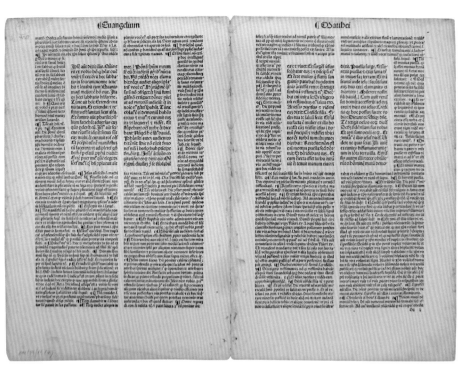

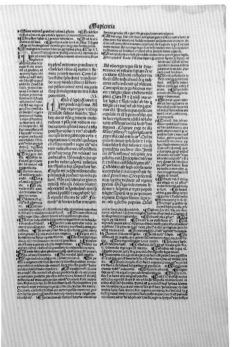

17. 聖句註解付きラテン語聖書

Latin Bible with Postilla

上：1481年／ヴェネツィア／ニコラ・ジャンソン印行
　　紙に活版，手彩／西南学院大学博物館蔵
下：1489年／ヴェネツィア
　　オッタヴィアーノ・スコト印行
　　紙に活版，手彩／西南学院大学博物館蔵

中世後期のフランシスコ会士リラのニコラ
ウスによって著された聖句註解（Postilla）
が付記されたラテン語聖書の断簡。本資料
は，ページ中央部の2段が聖句であり，そ
れを取り囲むように配置されたテクストが
ニコラウスによる聖句註解となっている。
オッタヴィアーノ・スコトは，ボネト・ロ
カテッロなどに出資し印刷業を行わせてい
たが，自らも30点ほどの印刷を手がけた。
スコト家は印刷・出版を家業としており，
イタリアで初めて楽譜を印刷した業者とし
て知られている。(勝野)

人物解説　ニコラ・ジャンソン　Nicolaus Jenson c. 1420-80

　　フランス造幣局の金細工職人であったが，1458年にフランス国王シャルル 7 世の勅命によりマインツへ派遣される。しかし，フランスへは帰国せず，1470年にヴェネツィアで 2 番目となる印刷所を開いた。当時ヴェネツィアでは，ヨハン・フォン・シュパイアーがローマン体活字の独占権を有していたが，彼が亡くなったため，ジャンソンが新しくローマン体活字を使用できるようになった。ジャンソンの活字は「ヴェネツィアン・ローマン」と呼ばれるようになり，アルド・マヌーツィオなどの印刷業者に引き継がれた。ヴェネツィアン・ローマンは，19世紀のアーツ・アンド・クラフツ運動の主導者ウィリアム・モリスが手掛けた活字の手本ともなった。また，現代の活字にも着想を与えており，Adobe Jenson や Centaur などのコンピューターフォントとしても復刻されている。

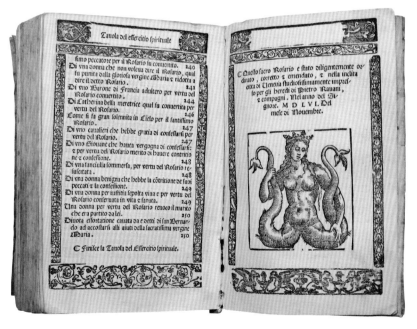

18.『栄光なるおとめマリアのロザリオ』

Rosario de la gloriosa Vergine Maria
1556年／ヴェネツィア／アルベルト・ダ・カステッロ著，ピエトロ・ラヴァーニ印行／紙に活版・木版，ヴェラム装
西南学院大学博物館蔵

ヴェネツィアのドミニコ会修道士アルベルト・ダ・カステッロによってイタリア語で書かれた最古のロザリオ祈禱書の印刷本。15世紀末以降のロザリオの信心の普及を背景に，平信徒たちの私的信心の手引き書として執筆された。聖母マリアとイエス・キリストの受難の物語から15の場面が描かれている。掲載箇所に印刷されている，両手で己の二股の尾を持ち上げている人魚は，出版人ピエトロ・ラヴァーニのプリンターズマーク（印刷所の商標）である。（勝野）

コラム 黎明期の「書籍市場」

西南学院大学博物館学芸調査員　勝野みずほ

15世紀中頃から末にかけてのヨーロッパでは、新しい印刷所が先を競ってつくられたあまり、商業的に見て成功が見込めないような町にも書籍印刷業が広まっていた。当時の本の市場規模は、小規模な印刷業者にしてみればあまりに広大で、広範な地域に散らばっていた。しかし、15世紀の最後の20年間で、印刷業は徐々に限られた数の生産拠点に集中するようになる。そしてそれらの拠点都市の中でも、しだいに少数の大規模な工房のもとに事業が集約されていった。

商人や書店経営者・出版業者は、徐々に流通に必要なシステムを築いていった。彼らは、発注と部数管理のシステムを整え、業者間の競争を規制し、業界全体を支配する基準を作り上げた。書籍印刷業は新しい技術を使用した新しい商売であったため、中世のギルド制度を適用できず、そのような基準を考案する必要があったのである。国際的な市場が機能したことによって、業者たちは地方の市場よりも巨大な顧客層にアクセスできるようになった。その結果、より大規模に、さまざまな種類の高価な本を刊行することが可能となった。

しかしここで、印刷業者は「どのようなタイトルを何部刷るのか」といったこれまで存在しなかった問題に直面する。15世紀後半には、定番のタイトルや一定の需要が見込まれる本を刷ろうと保守的な選択をする業者が多く、一部では供給過剰現象が起こっていた。たとえばニュルンベルクの出版者であるコーベルガーは、1503年、同業者のアマーバッハ（Johann Amerbach, 1444-1514）に宛てた書簡の中で、聖職者にはもう書籍が売れる見込みはないと警鐘を鳴らしている（Oskar Hase, *Die Koberger*, Leipzig 1885, S. 255）。印刷するタイトルは、一般的に、個人または団体・組織から直接要請をうけて選択された。特に後者は、在庫の管理や出版費用の回収という問題を抱えにくいため、依頼を引き受けやすかったと考えられる。当時、書物の再版のためには活字を新たに組み直す膨大な手間が必要であったが、それを惜しみ大量に印刷すると在庫を抱え資金を回収できなくなる危険性もあった。採算がとれる部数を見定めることは難しく、特に版組や在庫の管理に手間がかかる大型本の市場を読むことは容易ではなかった。16世紀を迎える頃には、印刷機を一日中稼働させると裏表印刷で1,500枚の用紙を刷ることができたという試算があるが、大型本の印刷部数の平均値はおおよそこの部数であったという。

自身の印刷業の基盤を築いていく中で生存に成功した印刷業者は、次第に他の業者との連携を図り、広範囲な商業ネットワークを作り上げるようになった。一定量の仕事を保つために別の業者と下請け契約を結んだり、コストとリスクの共有のために書店業者のグループが共同体事業を発足させたりした。これらのシステムは、印刷工房が多く存在する印刷拠点都市での方が機能しやすく、市場では大都市が優位となっていったのである。

第3章
日本伝来
From Europe to Japan

　揺籃の時代を経て，印刷本は「書物の新たな形式」
としてヨーロッパ中で普及するようになった。そんな
16世紀の末，活版印刷術は日本伝来を果たすこととな
る。当時日本では，宣教師とキリシタンがこの地で芽
生えたばかりの信仰を育んでいたが，更なる育成のた
めにはより多くの教理書や教科書が必要であった。そ
の事実を心得ていたイエズス会の巡察師アレッサンド
ロ・ヴァリニャーノ（Alessandro Valignano, 1539-1606）は，
活版印刷機を日本へ持ち込むことを企図する。そうし
て実際に活版印刷機を日本に持ち帰ってきたのが，ヴ
ァリニャーノ率いる天正遣欧少年使節であった。

　使節が帰国した1590（天正18）年，日本では豊臣秀吉
により伴天連追放令が発布されており，1612（慶長17）
年には徳川幕府による禁教令が待っていた。結局のと
ころ，キリシタンたちが西欧の活版印刷機を使って印
刷本を発行した期間はわずか20年に過ぎなかった。し
かしながら，そこで印刷された書物の数々は，日本印
刷史の重要な足跡として今日まで伝えられている。

　After the time of cradle, printed books gained in popularity as 'the
new form of book' all over Europe. At the end of the 16th century,
letterpress printing was transmitted to Japan. At that time,
missionaries and *Kirishitans* (Japanese Christians) nursed the new-
born faith, but they needed more books such as doctrinal or
textbooks to do this. Alessandro Valignano, the Jesuit Visitor in Asia,
realised this and managed to bring a printing machine to Japan. Thus,
printing machines were brought to Japan by Tensho Embassy.

　However, in 1590, when Tensho Embassy returned to Japan,
Toyotomi Hideyoshi had already proclaimed the deportation order of
the Jesuit missionaries, and then, ban on Christianity was proclaimed
by the Tokugawa shogunate in 1612. In the end, *Kirishitans* printed
their books by the printing machine for only twenty years. However,
the books printed by *Kirishitans* are regarded as the important
footprint and inherited to date.

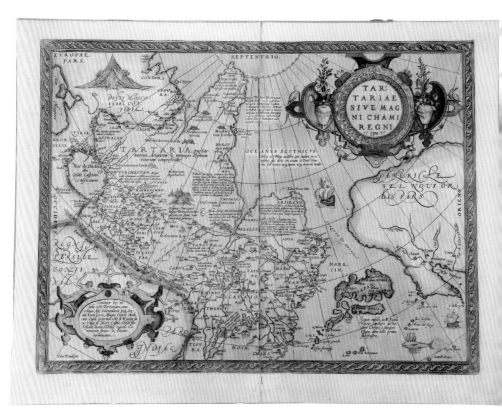

19. タルタリア図

Map of Tartary
1570年以降／アントワープ／アブラハム・オルテリウス
紙に銅版，手彩／西南学院大学博物館蔵

ベルギーのアントワープの地図製作者オルテリウス（Abraham Ortelius, 1527-98）が手がけた地図の一枚。タルタリア（タタール）はアジア北東部のモンゴル周辺地域を指すが，本図にはより広い範囲の地理も含まれており，不正確ながら日本も右下に描かれている。本図を含むオルテリウスの地図帳『世界の舞台 *Theatrum Orbis Terrarum*』は1570年に初版が出版されて以降，ヨーロッパ中で人気を博し，天正遣欧少年使節もパドヴァ訪問時に植物学者メルキオル・ギランディスから贈られたとされるこの地図帳を日本へ持ち帰っている。（下図）

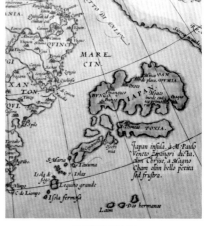

日本部分拡大図

天正遣欧少年使節 Tensho Embassy

　ヴァリニャーノの主導によって日本からヨーロッパへ派遣された使節団。４人の
キリシタンの少年たちを中心として天正年間（1573–92）に派遣されたことから「天
正遣欧少年使節」と呼ばれる。派遣の目的の一つは西欧の文化を日本に持ち帰るこ
とであり，活版印刷術もその中に含まれていた。そして実際に西欧の地を踏むこと
ができた彼らは，コンスタンチノ・ドラードという名で知られる日本人青年に印刷
技術を習得させ，ヨーロッパ式活字と木製の活版印刷機を入手し，日本へ持ち帰る
ことに成功した。この時彼らが入手した活版印刷機は，アントワープの印刷者クリ
ストフ・プランタンの印刷所で使用されていた印刷機と同モデルのものであったと
考えられる。

天正遣欧使節肖像図　京都大学附属図書館蔵

４人のキリシタンの少年と案
内兼通訳のメスキータ神父の
肖像図が印刷された新聞。
1586年アウクスブルクにて
刊行。中央下部に本資料の印
刷者ミヒャエル・マンゲル
（Michael Manger）の名と印
刷年が記されている。

左上：中浦ジュリアン
左下：原マルチノ
右上：伊東マンショ
右下：千々石ミゲル
中央：メスキータ神父

キリシタン版 Kirishitan-ban

　天正遣欧少年使節が日本へ持ち帰った西洋式の活版印刷術によってキリシタンた
ちが印刷・出版した書物の総称。印刷機の移動に伴い加津佐，天草，長崎と出版地
を転々としつつ，天正19（1591）年から慶長15（1610）年頃までに50タイトル以上の
書物が印刷されたと考えられている。代表的なものとして，現存する最古のキリシ
タン版である『サントスのご作業の内抜書』（資料20），複数の版が存在する教理書
『どちりな・きりしたん』（資料21），西欧で著された修徳思想書の訳書『ぎや・ど・
ぺかどる』（資料22），日本における最初の二色刷版である楽譜付き典礼書『サカラ
メンタ提要』（資料23）などが挙げられる。キリシタン版の大半はイエズス会による
出版であるが，例外として，京都の原田アントニオ印刷所で木活字によって印刷さ
れた『こんてむつすむん地』（資料24）などがある。キリシタン版の原本は日本のみ
ならず世界各地の図書館に散逸しており，近年になって新たに発見されるケースも
見られる。

20.『サントスのご作業の内抜書』(復刻)

Santos No Gosagveono Vchi Nvqigaqi（*Lives of the Christian Saints* Published in Japan）（reprint）
原本：1591（天正19）年／加津佐／イエズス会印行／洋装本, 紙に活版／マルチャーナ国立図書館蔵
復刻：2006（平成18）年／日本／雄松堂出版／書冊／西南学院大学図書館蔵

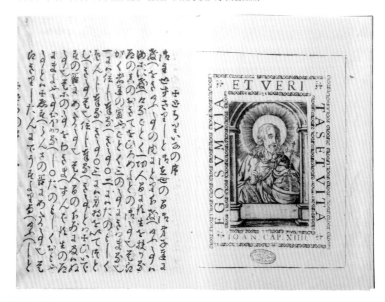

21.『どちりな・きりしたん』(復刻)

Doctrina Christam（reprint）
原本：1591（天正19）年／加津佐もしくは天草／イエズス会印行／和装本, 紙に活版／ヴァチカン教皇庁図書館蔵
復刻：1978（昭和53）年／日本／雄松堂書店／和装本／西南学院大学図書館蔵

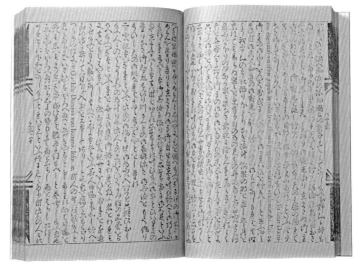

22.『ぎや・ど・ぺかどる』(復刻)　左：上巻　右：下巻

Gvia Do Pecador（reprint）
上巻原本：1599(慶長4)年／長崎／ルイス・デ・グラナダ原著，イエズス会印行／和装本，紙に活版／天理図書館蔵
上巻復刻：2006(平成18)年／日本／雄松堂出版／和装本／西南学院大学図書館蔵
下巻原本：1599(慶長4)年／長崎／ルイス・デ・グラナダ原著，イエズス会印行／洋装本，紙に活版／イエズス会日本管区蔵
下巻復刻：2006(平成18)年／日本／雄松堂出版／書冊／西南学院大学図書館蔵

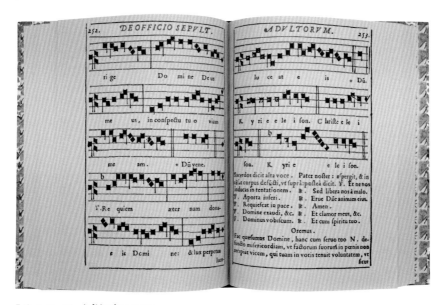

23.『サカラメンタ提要』(復刻)

Manvale ad Sacramenta Ecclesiae Ministranda（reprint）
原本：1605(慶長10)年／長崎／ルイス・デ・セルケイラ編，イエズス会印行／洋装本，紙に活版，二色刷
　　　上智大学キリシタン文庫蔵
復刻：2006(平成18)年／日本／雄松堂出版／書冊／西南学院大学図書館蔵

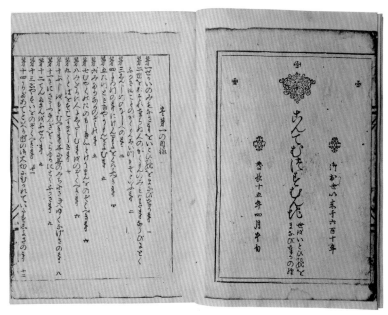

24.『こんてむつすむん地』(復刻)

Contemptus Mundi（reprint）
原本：1610(慶長15)年／京都／原田アントニオ印行／和装本, 紙に活版／天理図書館蔵
復刻：1921(大正10)年／日本／稀書複製会編, 米山堂／書冊／西南学院大学博物館蔵

Topics　　　　　**発見されたキリシタン版**

　キリシタン版は今日の歴史学者・言語学者にとって非常に貴重な情報を提供してくれる史料であるが，開国後の再布教期に日本へやってきた宣教師たちにとっても，日本信徒の信仰・言語を理解する上で重要な書物であった。再布教に活用されたキリシタン版の代表的な例として『羅葡日対訳辞書』(資料25)が挙げられる。天草のコレジヨで出版された本書は，日本国内に現存しておらず世界中に散逸してしまっているが，そのうちの一冊をパリ外国宣教会の宣教師プティジャン(Bernard Thadée Petitjean, 1829-84)が1869年にマニラで発見・入手している。この辞書がキリシタンたちの語彙を習得する上で有益であることを悟ったプティジャンは，すぐさま再編集に着手し，翌年布教聖省の認可のもと『羅日辞書』(資料26)として出版した。

Dominus, i. Lus. Senhor da caſa, ou pay de familias. Iap. Gitô, xujin, aruji.

9 Dominus, i. Gitô, xujin, aruji.

『羅葡日対訳辞書』(上)と
『羅日辞書』(下)の比較

▶画像解説　二つの辞書でそれぞれラテン語のDominusを引くと，どちらも同じ日本語訳（地頭Gitô，主人xujin，あるじaruji）が載っている。しかし，『羅葡日対訳辞書』ではポルトガル語（Lus.）と日本語（Iap.）の両訳が記載されているのに対して，『羅日辞書』ではポルトガル語訳が削除されており，再布教期の言語事情に合わせて編集されていることがわかる。

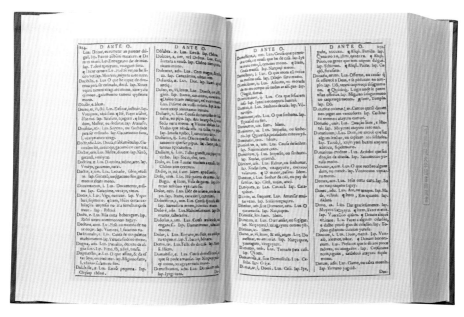

25.『羅葡日対訳辞書』(復刻)

Dictionarivm Latinolvsitanicvm ac Iaponicvm（reprint）
原本：1595（文禄4）年／天草／イエズス会印行／洋装本，紙に活版／オックスフォード大学ボドレアン図書館蔵
復刻：1979（昭和54）年／日本／勉誠社／書冊／西南学院大学図書館蔵

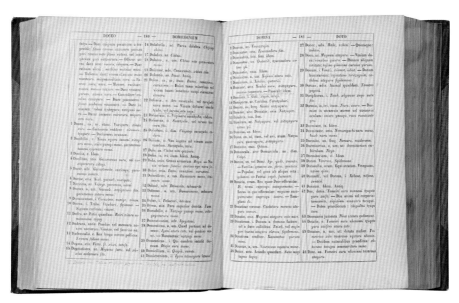

26.『羅日辞書』

Lexicon Latino-Iaponicum
1870年／ローマ／ベルナール・プティジャン／書冊／西南学院大学図書館蔵

コラム 日本における木版印刷 奈良時代から江戸時代まで

西南学院大学博物館学芸研究員 鬼束芽依

キリシタン版伝来以前の奈良時代から，日本には印刷物が存在していた。そして奈良時代から江戸時代までの日本において，印刷物は主に木版印刷（製版印刷）によっていた。本稿では，日本における木版印刷の歴史を簡単に紹介したい。

日本に現存する最古の印刷物である「百万塔陀羅尼」は，764〜770年につくられたといわれる。称徳天皇が国家安泰を願い，経文を100万枚印刷させ，同時に作らせた木製の小塔100万基の中に納めたとされる。それらは10万基ずつ南都十大寺（大安寺・元興寺・弘福寺・薬師寺・四天王寺・興福寺・法隆寺・崇福寺・東大寺・西大寺）に納められたとされるが，現在は法隆寺に四万数千基が残るのみである。小塔に納められた経文の印刷は木版であったか銅版であったか未だにわかっていない。

それからしばらくは年紀の明らかな印刷物が存在しないが，平安時代後期（995〜1185年ごろ）になると，宋の影響を受けて印刷が行われるようになったといわれる。経文の印刷（摺経）や，仏や菩薩の図像を印刷する「印仏」「摺仏」が主であった。しかし平安時代を通して年代を特定できる印刷物は少なく，あまり印刷が行われなかった時代であると考えられている。

鎌倉時代から室町時代までは，寺院による経典や漢籍の整版印刷が盛んになった。平安時代末から鎌倉時代までは，実に多くの寺院が開版（新しく版木を彫って書物を出版）した。代表的なものでいえば，奈良の興福寺で印刷された春日版・東大寺の東大寺版・法隆寺の法隆寺版・高野山の寺院で印刷された高野版・比叡山延暦寺で印刷された叡山版などがあった。室町時代になると，京都・鎌倉の五山とよばれる禅宗寺院の禅僧たちが開版を行い，それらの印刷物は五山版とよばれる。五山版では，禅僧にとって必要な教養である中国の経書・史書・詩文集などが印刷されたことが特徴である。

室町時代末期から江戸時代初期には，朝鮮と西洋から活字印刷の技術が伝わり，活字版の印刷物が登場した。それまでの印刷物は学僧によるものが主であったが，活字の導入により，武家・公家・医師・文化人・宣教師などによる印刷物・出版物がつくられ，実用書・歴史書・医学書・古典文学などそのジャンルも増えた。しかし活字による印刷は，寛永（1624〜1644年）以降衰退し，以後江戸時代はほとんどの印刷物が木版印刷によった。その理由は，日本語は漢字・ひらがな・カタカナによるため文字数が多く，活字製作のコストがかかることや，外来文化が禁止されたこと，文章の間に挿絵を入れるのは木版印刷の方が簡単であることなどさまざまだとされる。

印刷物は，その当時の社会情勢を反映するものといえる。古代の日本では不安定な情勢の中，国家の平安を祈って仏典が印刷され，一般大衆の識字率が向上した江戸時代以降は，文学作品・実用書・瓦版（新聞）・引き札（チラシ）・浮世絵など，印刷技術の発達とともに学問や文化が隆盛した。そしてその多くは木版印刷によるものであり，木版印刷は日本をささえた印刷手法であるといえるだろう。

🔲 参考文献

E．L．アイゼンステイン『印刷革命』別宮貞徳監訳，みすず書房，1987年
アンドルー・ペディグリー『印刷という革命：ルネサンスの本と日常生活』桑木野幸司訳，白水社，2015年
泉井久之助ほか訳『デ・サンデ天正遣欧使節記』（新異国叢書 5）雄松堂書店，1969年
印刷博物館編『ヴァチカン教皇庁図書館展　書物の誕生：写本から印刷へ』印刷博物館，2002年
印刷博物館編『プランタン゠モレトゥス博物館展　印刷革命がはじまった：グーテンベルクからプランタンへ』印刷博物館，2005年
印刷博物館編『日本印刷文化史』講談社，2020年
ウィリアム・モリス『理想の書物』ウィリアム・S・ピータースン編，川端康夫訳，ちくま学芸文庫，2006年
内島美奈子，山尾彩香共編『キリスト教の祈りと芸術：装飾写本から聖画像まで』花乱社，2017年
大貫隆ほか編『岩波キリスト教辞典』岩波書店，2002年
桑原直己『キリシタン時代とイエズス会教育：アレッサンドロ・ヴァリニャーノの旅路』知泉書館，2017年
慶應義塾図書館編『インキュナブラの時代：慶應義塾の西洋初期印刷本コレクションとその広がり』慶應義塾図書館，2018年
E．P．ゴールドシュミット『ルネサンスの活字本：活字，挿絵，装飾についての三講演』高橋誠訳，国文社，2007年
佐川美智子編ほか『書物の森へ：西洋の初期印刷本と版画』町田国際版画美術館，1996年
下園知弥，山尾彩香，宮川由衣共編『宗教改革と印刷革命』西南学院大学博物館，2019年
下園知弥編『聖母の美：諸教会におけるマリア神学とその芸術的展開』花乱社，2019年
下園知弥，宮川由衣共編『宣教師とキリシタン：霊性と聖像のかたちを辿って』花乱社，2021年
天理図書館編『きりしたん版の研究：富永先生古稀記念』天理大学出版部，1973年
J．ハーバー『中世キリスト教の典礼と音楽』佐々木勉，那須輝彦共訳，教文館，2010年
C．H．ハスキンズ『十二世紀ルネサンス』別宮貞徳，朝倉文市共訳，みすず書房，1989年
B．ブルーノ『本の歴史』（「知の再発見」双書 80）木村恵一訳，創元社，1998年
M．マクルハーン『グーテンベルクの銀河系』森常治訳，みすず書房，1986年
松田隆美編『貴重書の挿絵とパラテクスト』慶應義塾大学出版会，2012年
Brown, Michelle P. *Understanding Illuminated Manuscripts*: *A Guide to Technical Terms*, The J. Paul Getty Museum in association with The British Library, London, 1994.
De Hamel, Christopher. *Medieval Craftsmen: Scribes and Illuminators*, British Museum Press, London, 1992.
Febvre, Lucien and Martin, Henri-Jean. *The Coming of the Book: The Impact of Printing 1450-1800,* Geoffrey Nowell-Smith and David Wootton ed., David Gerard tr., Verso edition, London, 1984. (First Printed as *L' Apparition du Livre*, Albin Michel ed., Paris, 1958.)
Man, John. *The Gutenberg Revolution: The Story of a Genius and an Invention That Changed the World,* Review, London, 2002.
Reinburg, Virginia. *French Books of Hours: Making an Archive of Prayer, c. 1400-1600*, Cambridge University Press, 2012.

🔲 参考ホームページ・データベース

国立国会図書館「インキュナブラ －西洋印刷術の黎明－」
　https://www.ndl.go.jp/incunabula/index.html
Gesamtkatalog der Wiegendrucke (GW)　https://www.gesamtkatalogderwiegendrucke.de/
Incunabula Short Title Catalogue (ISTC)　http://www.bl.uk/catalogues/istc/
EDIT 16 (edizioni italiane del XVI secolo)　https://edit16.iccu.sbn.it/

出品目録

番号	資料名	年代／製作地／作者／素材・形態・技法　[　]内は複製・復刻	法量(cm)	所蔵　[　]内は複製・復刻
第1章　写本から印刷本へ				
1	『42行聖書』(複製)	1455年頃／マインツ／ヨハネス・グーテンベルク印行／羊皮紙に活版，手彩　[1979年／ミュンヘン／Idion Verlag／複製本]	縦47.0×横37.5	国立プロイセン財団図書館およびフルダ州立図書館[西南学院大学図書館]
2	楽譜付きミサ典書写本断片	1150年頃／ドイツ (ラインラントか)／制作者不詳／羊皮紙に手彩	縦12.0×横32.0	西南学院大学博物館
3	12世紀ラテン語聖書写本零葉	12世紀／西欧／制作者不詳／羊皮紙に手彩，ギルディング	縦48.2×横31.5	西南学院大学博物館
4	13世紀ラテン語聖書写本零葉	1250年頃／パリ／制作者不詳／羊皮紙に手彩	縦14.8×横10.0	西南学院大学博物館
5	聖母マリアの小聖務日課書	1480年頃／北フランス／制作者不詳／羊皮紙に手彩，ギルディング	縦15.0×横9.9	西南学院大学博物館
6	フランス時祷書「死者への祈り」	1450年頃／フランス／制作者不詳／羊皮紙に手彩，ギルディング	縦23.0×横16.0	西南学院大学博物館
7	フランス時祷書「全使徒への祈り」	1510-20年頃／パリ／制作者不詳／羊皮紙に手彩，ギルディング	縦16.0×横10.5	西南学院大学博物館
8	福音書零葉	1479年／ヴェネツィア／ニコラ・ジャンソン印行／紙に活版，手彩，ギルディング	縦32.0×横23.6	西南学院大学博物館
9	聖ヒエロニムス「マタイ福音書註解」	1497-98年／ヴェネツィア／グレゴリース兄弟印行／紙に活版・木版	縦34.0×横22.5	西南学院大学博物館
10	『キリストの生涯』	1499年／ズウォレ／ザクセンのルドルフ著，ペーター・ファン・オズ印行／紙に活版・木版，手彩	縦27.3×横18.9	個人蔵
11	時祷書零葉「受胎告知図」	1500年頃／西欧 (フランスか)／印刷者不詳／羊皮紙に活版・木版，手彩，ギルディング	縦31.0×横25.5	西南学院大学博物館
12	パリ時祷書零葉	1502年頃／パリ／シモン・ヴォートル印行／羊皮紙に活版・金属凸版か，手彩，ギルディング	縦17.3×横11.3　縦17.7×横11.2　縦17.5×横11.3	西南学院大学博物館
第2章　印刷都市の拡大				
第1節　Nürnberg				
13	ニュルンベルク図	1493年か／ニュルンベルク／ミヒャエル・ヴォルゲムート作，アントン・コーベルガー印行／紙に活版・木版	【図左側】縦39.5×横28.0　【図右側】縦38.0×横28.0	西南学院大学博物館
14	デューラー『聖母伝』(複製)	1511年／ニュルンベルク／アルブレヒト・デューラー／書冊，紙に木版　[2015年／サラマンカ／C. M. Editores／複製本]	縦32.7×横24.5	スペイン国立図書館およびバイエルン州立図書館[西南学院大学博物館]

15	ラテン語聖書「歴代誌」	1478年／ニュルンベルク／アントン・コーベルガー印行／紙に活版，手彩	縦41.0×横29.0	西南学院大学博物館
第2節　Venezia				
16	ダンテ『神曲』煉獄篇・天国篇	1491年／ヴェネツィア／ダンテ・アリギエーリ著，ペトルス・デ・ピアシス出版／紙に活版・木版	【煉獄篇】縦31.2×横20.6【天国篇】縦30.7×横19.7	西南学院大学博物館
17	聖句註解付きラテン語聖書	【ジャンソン版】1481年／ヴェネツィア／ニコラ・ジャンソン印行／紙に活版，手彩【スコト版】1489年／ヴェネツィア／オッタヴィアーノ・スコト印行／紙に活版，手彩	【ジャンソン版】縦31.2×横41.2【スコト版】縦36.3×横24.6	西南学院大学博物館
18	『栄光なるおとめマリアのロザリオ』	1556年／ヴェネツィア／アルベルト・ダ・カステッロ著，ピエトロ・ラヴァーニ印行／紙に活版・木版，ヴェラム装	縦15.0×横10.5	西南学院大学博物館
第3章　日本伝来				
19	タルタリア図	1570年以降／アントワープ／アブラハム・オルテリウス／紙に銅版，手彩	縦40.0×横53.0	西南学院大学博物館
20	『サントスのご作業の内抜書』(復刻)	1591(天正19)年／加津佐／イエズス会印行／洋装本，紙に活版［2006(平成18)年／日本／雄松堂出版／書冊］	縦16.0×横11.0	マルチャーナ国立図書館［西南学院大学図書館］
21	『どちりな・きりしたん』(復刻)	1591(天正19)年／加津佐もしくは天草／イエズス会印行／和装本，紙に活版［1978(昭和53)年／日本／雄松堂書店／和装本］	縦24.2×横18.0	ヴァチカン教皇庁図書館［西南学院大学図書館］
22	『ぎや・ど・ぺかどる』(復刻)	【上巻】1599(慶長4)年／長崎／ルイス・デ・グラナダ原著，イエズス会印行／和装本，紙に活版【下巻】1599(慶長4)年／長崎／ルイス・デ・グラナダ原著，イエズス会印行／洋装本，紙に活版［2006(平成18)年／日本／雄松堂出版／書冊］	【上巻】縦26.1×横19.7【下巻】縦26.2×横19.3	【上巻】天理図書館［西南学院大学図書館］【下巻】イエズス会日本管区［西南学院大学図書館］
23	『サカラメンタ提要』(復刻)	1605(慶長10)年／長崎／ルイス・デ・セルケイラ編，イエズス会印行／洋装本，紙に活版，二色刷［2006(平成18)年／日本／雄松堂出版／書冊］	縦22.0×横16.5	上智大学キリシタン文庫［西南学院大学図書館］
24	『こんてむつすむん地』(復刻)	1610(慶長15)年／京都／原田アントニオ印行／和装本，紙に活版［1921(大正10)年／日本／稀書複製会編，米山堂／書冊］	縦29.2×横20.0	天理図書館［西南学院大学博物館］
25	『羅葡日対訳辞書』(復刻)	1595(文禄4)年／天草／イエズス会印行／洋装本，紙に活版［1979(昭和54)年／日本／勉誠社／書冊］	縦26.4×横19.2	オックスフォード大学ボドレアン図書館［西南学院大学図書館］
26	『羅日辞書』	1870年／ローマ／ベルナール・プティジャン／書冊	縦27.4×横19.8	西南学院大学図書館

歴史を歩んだ「活字文化」
活版印刷の現場から

文林堂店主　山田善之

鉛を主材とした活字と木製大型印刷機の発明

1400年頃ドイツに生まれたヨハネス・グーテンベルクが，鉛を使用して「活字」を鋳造することを考案しました。活字の地金は鉛を主材とし，錫とアンチモニーを配合します。このことで鋳造を行う時に伸縮の差が起こらずに原型通りに完全に鋳造ができます。アンチモニーは活字の母型の形を鮮明に鋳造するために使用され，錫は鉛とアンチモニーを結合させる役割をしています。

合金の配合の割合は活字の大きさによって変化しますが，

① 鉛60％　アンチモニー25％　錫15％
② 鉛70％　アンチモニー25％　錫5％
③ 鉛75％　アンチモニー23％　錫2％

となっています（タイプ活字や箔押し用活字は別の配合）。

2022年現在，活版印刷用の活字地金もこの配合で製造されています。そのことを思うとグーテンベルクがこの配合の合金に着目したことは大きな驚きです。

グーテンベルクが製造した活字の書体はゴシック体という活字で，写本時代からの書体を使用していましたが，本文を活字印刷した後に手書き彩色ができる余白を作ったり，装飾活字や装飾模様などの工夫には，

従来の伝統を重んじるとともに「写本には負けない」という意気込みをも感じます。

ヨスト・アマンの描いた16世紀中頃の活字鋳造場の様子（図1）には，床に炉が築かれ，その上に鍋がかけてあり，鍋の中には活字の地金が溶かされつつあります。その一方には鞴や燃料も見えます。椅子に腰掛けている人は手に鋳型を持ち，今しも杓子から地金を注ぎ込んでいます。「流し込み法」という手作業による活字鋳造でした。

活字を鋳造するためには「母型」が必要で，「母型」を作るには「父型」が必要です。『42行聖書』には約300種の活字が使われてい

図1　活字鋳造の様子（アマン画）
『日本の近代活字：本木昌造とその周辺』（近代印刷活字文化保存会，2003年）より

るということは，300種の「父型」を作った
ことになります。この「父型」から「母型」
を「打ち込み法」という方法で作り，この
母型から活字が鋳造されます。

「父型」は「鉄」を四角にしたものに手作
業で彫刻し，その道具は四ツ目錐の一角を
削って三角にしたタガネで，その頭を小槌
で叩きながら彫ってゆきます。彫刻が完成
した後に「焼きを入れる」ため熱火の中に
突き込み，真っ赤になったら急に水につけ
ることによって非常に硬い性質になります。
アルファベットは漢字と異なって画数が少
ないのでこの「父型」が使用されました
（「父型」はパンチとも呼ばれる）。

図2を参照すればその仕組みが判ります
が，「母型」はマテと呼ばれる銅の角材の小
片に圧力を加えることで何個でも製造する
ことができます。その際に上部の組み合わ
せた「隙間」と「加圧力」が母型の深さを
統一させています。

印刷機は木製で葡萄絞り機をヒントにし
て考案され，紙の両面に印刷ができるよう
になりました。鉄製の印刷機になったのは，
イギリスのスタンホープが機械技師ウォル
カーと協力して造った1800年が最初です
ので，350年以上はグーテンベルクの木製
印刷機が使われていたことになります。

グーテンベルクはドイツのマインツで随
分苦心して印刷の研究をしていましたが，
ヨハン・フストの援助を得て活版印刷工場
を起こし印刷を行いました。しかしこのフ
ストは腹黒い人で，娘婿シェッファーを工
場に入らせ印刷の技術を習得させ，その有
望な事業を知った後，グーテンベルクに対
する負債を激しく督促し，グーテンベルク
に返済の道がないと見るや，その工場を没
収して自分の工場としてしまいました。グ
ーテンベルクはなおも届せずにコンラッ
ド・フムメリーの後援を受け再び工場を建
設して印刷を行いました。しかし，1462年

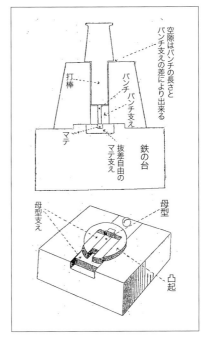

図2　パンチ打込み道具
大日本印刷講習会編『印刷術講座』
（大日本印刷講習会，1929年）より

マインツ市の戦禍により工場も焼失し，グ
ーテンベルグはマインツの大司教であった
ナッサゥのアドルフに抜擢されましたが
1468年に死去しました。（参考文献：大日本印
刷講習会編『印刷術講座』大日本印刷講習会，1929
年）

私が知識を得たのは，今から65年前の中
学生の頃のことです。近年の文献『日本の
近代活字：本木昌造とその周辺』（近代印刷
活字文化保存協会，2003年）の「第3章　活字の
鋳型，その歴史をたどる」（スタン・ネルソン
著，山本太郎訳）には，グーテンベルクが発明
したかどうかは疑わしい云々とあります。
今後の研究で歴史が書き変えられることも
あるでしょうが，通説は活字を愛する私に
とっては永遠のロマンでもあります。開拓
者たちの苦心を心にとどめることは大切な
ことだとも思っています。

西洋の印刷術を伝えた
「天正遣欧少年使節団」

　九州のキリシタン大名の大友宗麟・大村純忠・有馬晴信によって1582（天正10）年2月、天正遣欧少年使節団として4人の少年を中心とする使節団がローマ教皇のもとに派遣されました。4人の少年の名前は、原マルチノ、伊東マンショ、千々石ミゲル、中浦ジュリアンです。案内役はコンスタンチン・ドラッドで、往路は2年7カ月かけてローマに着き、日本へ帰るまでには8年間かかりました。

　天正遣欧少年使節団は1590（天正18）年7月21日ごろ長崎に帰ってきましたが、切支丹禁教令が出されていたことへの配慮から、彼らが持ち帰った木鉄製の印刷機と金属活字は梱包のまま運ばれ、加津佐にあった大神学校（コレジヨ）に設置されました。

　1591（天正19）年に『サントスのご作業の内抜書』がここで印刷されました。それはローマ字綴り、ヴァリニャーノがマカオ（中国広東省、当時はポルトガルの領地）から持って来たローマン体の鉛活字が使用され、日本では初めて鉛活字を使用したことになります。表紙の銅版画（エッチング）は印刷の種類では凹版です。この部分は有家のセミナリヨで印刷されました。

　加津佐では『サントスのご作業の内抜書』の印刷だけで印刷所は天草へ移りました。天草ではイタリック体の活字が鋳造され使用、8種類の本が「天草版」として出版されました。1597（慶長2）年に、長崎の桜馬場にある最初の会堂トードス・オス・サントス寺（現在春徳寺）に移転し、まもなく、イエスズ会本部とめまぐるしく移転、長崎では日本語の字母を作り、活字を鋳造、1598（慶長3）年には『サルヴァドール・ムンヂ』と漢和辞典『落葉集』など11種が印刷出版されました。これらのキリシタン時代に出版された西洋式の活版印刷物を「キリシタン版」と呼びます。

　キリシタン版の印刷所は、京都のアントニオ印刷所、長崎のキリシタン豪商の後藤宗印の印刷所と有りました。キリシタン弾圧の中でも二十余年にわたって出版活動が続けられましたが、1612（慶長17）年、徳川幕府がなお一層厳しい切支丹禁教令を公布したことによって、1613（慶長18）年、イエスズ会本部や後藤宗印の印刷機や活字は、宣教師や印刷従事者とともに、あわただしく海を渡ってマカオに退去しました。後藤宗印は1627（寛永4）年にキリシタンの罪で江戸に護送され、まもなく病死。ここにキリシタン版の活版印刷は途絶えました。このことから、西洋式の活版印刷は250年間の長い間、途絶えることになりました。（参考文献：『長崎印刷百年史』長崎県印刷工業組合、1973年）

秀吉がもてなし
──新聞のスクラップから

　天正遣欧使節一行帰朝の翌年、秀吉は彼らを聚楽第に引見して、旅行中の見聞を聞き、また満所にピアノを弾かせ、養子秀次とともに饗宴を張って懇切にもてなした。殊に満所の聡明を愛して大名に取り立てようとまで言った。しかし満所は一生をキリシタンの伝道に捧げる覚悟をしていたので、固くこれを辞した。その後、満所は文禄から慶長にかけての10数年間、コレジョの教師として、有馬や天草に信仰の道を講じていたことが、記録に見えている。恐らくは活字本の著作にも力を致したことであろう。慶長17年10月21日、43才を一期として天草で病死した。
（「大阪朝日新聞」昭和10年5月8日付　飯島曼史）

この昭和10年発行の新聞切抜きは，父の蔵書の扉に挟んであったものです。活版印刷にとっては大切な出来事に父には思えたのでしょう。ローマに行った少年たちもしっかりと信仰を学び，日本において信仰が根づくことを願って活字の製造や印刷の作業に励んでいたことが，この古い記事からでも伝わってきました。

終戦直後，古活字を集めて文芸誌を印刷

昭和13年から始めた父の活版印刷所は最新の設備でしたが，戦争によって全てを失いました。終戦後はいち早く活字を集めて活版印刷を開始し，熊本県天草に残っていた国産のアルビオン型印刷機（鉄製）を業者から購入して文芸誌の校正刷りをしていました。私は小学生ながら校正刷りを手伝い，福岡市内を自転車で走り回っていました。今なら児童福祉法違反と言われるでしょうが，私にとっては好きな手作業でしたし，家計を助けるという使命を感じていました。名刺なども原稿を受取りに行き，文選・組版・印刷・納品までまかされてお客様と接していました。

昭和30年頃，西日本新聞社から古い島津製作所製の活字鋳造機を譲り受けて，数字と込金を作った経験もあります。

機械の調整は父がしていたのですが，ある時，私の顔に溶けた鉛が貼り付いたこともありました。ですが，目的があれば多少の労苦も喜びになるものです。昭和40年頃から活版印刷は経費がかかるので，現在の主流であるオフセット印刷（活字ではなく版を使った印刷）に変わっていきました。

今では活字を知らない人がほとんどですが，日本では明治からの100年間は活字文化が花開いていたのです。

昭和47年，文林堂はオフセット印刷で再創業したのですが，平成19年から活版印刷の機材を集めて再開しました。時代の変化の中で「活字文化」は私にとっては忘れてはならない歴史だと思っています。それだけに，消え去ろうとする文化の体験者として，これを伝えていく役割を担おうと考えたからです。

手作業は創造の基本

活字を使った印刷の未来はどうなるのか。「活字」が使用されなくなった現在，「活字」を知らない人たちにどうしたら伝えることができるか取り組み中です。

私は博物館に陳列されたものではない，実際に活字を使って名刺を印刷することを通して手作業の感触や，名刺から感じる「生の活きた印刷」を実感できることを考えているのですが，文章にするには難しいし，伝えるのも難しいというもどかしい思いの中にあります。

たとえば「銀河鉄道の夜」の中の「二，活版所」の文章は童話作家宮澤賢治の実体験からくるのだろうと私は思っていますが，活版所がなくなった今，若い人たちには「何を書いているのか判らない」。そんなとき「実際の活版所」が「あったら良いなぁ」と，その実現を願っています。

簡単さや便利さが優先される今。私が少年の頃から親しんできた手作業は今日になっては貴重なことでした。

「手作業の喜び」を伝えるために，ここ20年にわたって続けてきた「カッパン倶楽部／文林堂」の歩みは少数の人たちの温かい支持を得て今日があります。

ささやかな「コミュケーション文化」の場所として今後も受け継がれてゆくことでしょう。

■ 編者略歴

下園知弥（しもぞの・ともや）
1987年生まれ。京都大学大学院文学研究科思想文化学専
攻西洋哲学史専修（中世）修士課程修了。現在，西南学院
大学博物館教員（助教・学芸員）。専門はキリスト教思想・
美術。主な研究論文に「発展する隣人愛—クレルヴォーの
ベルナルドゥスの神秘神学における『愛の秩序』の一側面
—」（『日本の神学』第60号，教文館，2021年）がある。

勝野みずほ（かつの・みずほ）
1999年生まれ。西南学院大学大学院国際文化研究科国際
文化専攻博士前期課程在籍。専門はデザイン史・図像学。
西南学院大学博物館学芸調査員。

2022年度　西南学院大学博物館企画展Ⅰ
2022年6月6日〜8月8日

西南学院大学博物館研究叢書
印刷文化の黎明 インキュナブラからキリシタン版まで

2022年6月6日　第1刷発行

編　　者　下園知弥・勝野みずほ
発　　行　西南学院大学博物館
　　　　　〒814-8511　福岡市早良区西新 3-13-1
　　　　　電話 092（823）4785　FAX 092（823）4786
制作・発売　合同会社 花乱社
　　　　　〒810-0001　福岡市中央区天神 5-5-8-5D
　　　　　電話 092（781）7550　FAX 092（781）7555
印刷・製本　大村印刷株式会社
ISBN978-4-910038-54-5